QVE LA VOIX DV PEVPLE EST LA VOIX DE DIEV.

CONTRE LE SENTIMENT de celuy qui nous a proposé vne Question toute contraire.

A PARIS,
Chez PIERRE VARIQVET, ruë S. Iean de Latran, deuant le College Royal.

M. DC. XLIX.

QVE LA VOIX DV PEVPLE est la voix de Dieu.

Contre le sentiment de celuy qui nous a proposé vne Question toute contraire.

NOvs deuons corriger ceux qui resistent à la verité, auec quelque espece de modestie, ainsi que sainct Paul nous l'enseigne, en sa deuxiesme Epistre, escriuant à Timothée Euesque d'Ephese; Veu qu'il ne leur est pas permis de blasphemer contre cette fille du Ciel, en faueur de qui que ce puisse estre. Cheminer sur les pas de cette illustre permanente, dit le Prophete Samuel, c'est aimer Dieu de tout son cœur, & de toute son ame, & son prochain comme soy mesme, par vne consequence de necessité bien tirée. Sainct Pierre veut que l'on se prenne bien garde de ceux qui corrompent l'intelligence de l'Escriture, & qui la tournent à leur sens, pour en faire comme bon leur semble.

2. Tim. 2. 25. — Mich. 7. 5. — 1. Roys, 2. 3. — 2. Pierre, 3. 17.

Moyse le plus excellent & le plus parfait de tous les Clair-voyans qui furent iamais, ny en la Loy Naturelle, ny en la Loy escrite, nous defend d'adiouster ny diminuer chose quelconque à la parole eternelle: parce qu'elle est fondée sur des decrets irreuocables, au sens du Prophete Royal Dauid: & parce qu'elle sera tres-horrible à tous ceux qui n'y croiront pas, selon l'esprit du Docteur des Gentils, ou pour mieux dire, selon l'Oracle de la Verité incomprehensible.

Deut. 4. 2. — Psal. 6. 11. — Hebr. 4. 12.

C'est pourquoy ceux qui disent, que la voix du Peuple, n'est pas la voix de Dieu, deuroient bien examiner la forme de leur proposition : car la faisant problematique, & vniuerselle, elle ne sçauroit estre absolument veritable, ny en son sens, ny en sa quantité; attendu qu'il n'y a point de Regle de cette nature si generale qui n'ait son exception, en quelque sorte qu'on le veuille prendre.

Esa. 9. 17. Si ie disois auec Esaye, tout homme est menteur, & puis que ie continuasse de moy-mesme à dire, IESVS-CHRIST est homme, donc IESVS-CHRIST est menteur. Outre le blaspheme que ie ferois, ie serois plus menteur, & plus abominable que tous les Diables ensemble; parce que, selon sainct Paul, escriuant à Tite & aux Hebrieux, Dieu ne sçauroit mentir en façon quelconque.

Tit. 1. 2. Heb. 6. 18.

Si l'iniure que l'on feroit à Dieu en parlant auec vne impieté si grande estoit au Syllogisme suiuant, il me semble, que ce seroit vne mesme chose.

La voix des Creatures raisonnables ne fut iamais la voix de Dieu, la voix des Peuples est la voix des creatures raisonnables, donc la voix des Peuples ne fut iamais la voix de Dieu.

Quand la proposition est à double sens, il faut de necessité qu'il y ait quelque diffinition à faire. Et sans me seruir de l'authorité, qui est toute formelle, pour mon sujet, en Daniel, & que vous adoucissez vn peu pour l'accommoder au dessein que vous auez de faire voir, que la voix du Peuple, n'est pas la voix de Dieu; ie ne laisseray pas pourtant de vous monstrer, si vous me faites l'honneur de m'escouter sans passion, que la voix du Peuple, n'est pas seulement quelquefois la voix de Dieu : mais que la voix des estres moins nobles, l'est pareillement aussi en quelque sorte.

Escoutons de grace cet incomparable Pere de l'Eglise

glise, sainct Augustin, lors qu'il dit en ses Confessions, Ch. 6.
qu'apres auoir coniuré le Ciel, le Soleil, la Lune, les
Estoiles, l'Air, la Terre, la Mer, les Abysmes, & tous
les obiets qui estoient à l'entour de luy, de luy dire,
s'ils estoient son Dieu, & s'ils ne luy auoient pas donné l'estre; qu'à mesme instant toutes ces choses ensemble luy respondirent d'vne voix merueilleusement éclatante, que non, & qu'elles n'estoient que l'ouurage de celuy qui auoit creé cette machine si riche, si spacieuse, & si admirable.

Les Cieux, dit Dauid, racontent la gloire du Sei-
gueur; & ces cercles tousiours roulans, publient in- Psal. 18.
cessamment qu'ils ont esté faits de la main de ce Souuerain incomprehensible.

Voyez, ie vous supplie, apres cela, si la voix de ces estres naturellement muets, n'est pas la voix de Dieu, & si elle ne peut pas estre aussi en des occasions d'vne pareille necessité, celle du Peuple.

Il y a vn nombre infiny de Nations qui ont presché, & qui preschent encore tous les iours Iesvs-Christ, & la voix de ces Oracles d'vne si eternelle verité, ne
seroit pas celle de ce diuin Reparateur qu'ils annon-
cent? Cela n'est pas croyable; Dieu exauce le cry des Exod. 22.
pauures qui l'inuoquent en leurs tribulations, & aus- 23.
quels on fait violence. Les Israëlites demandent à 2. Sam. 22
Dieu qu'il les deliure de la tyrannie où ils sont, & 4.
Dieu donne sa voix à la supplication qu'ils luy ont Iug. 6.14.
faite. Ils demandent quelqu'vn pour leur annoncer Gen. 50.24. Exod. 18. 8.
la parole de verité, & Iesvs-Christ leur est 3 12.
donné pour Prophete. Ie vous coniure au nom de Deut. 18.16.
Dieu, de vous desabuser d'vn sentiment si vniuersel, que celuy que vous auez, & où vous ne faites point d'exception aucune.

Ce Souuerain Seigneur consent à tout ce que nous Ioan. 5. 14.
luy demandons, selon la volonté de son Fils, moyen- 3. 9.
nant que nostre cœur ne nous reprenne point, & que Mat. 2. 22.

Marc. 17. 24. nostre supplication soit legitime. Quand vous serez
Mat. 18. 16. deux ou trois fideles assemblez en mon nom, vous
Ioan. 14. 13. n'aurez qu'à m'implorer d'vn grand cœur, pour auoir
tout ce qui vous sera necessaire.

Les Israëlites luy demandent la terre de Chanaan,
Ios. 21. 44. & à mesme temps elle leur est octroyée. Les Israëlites
luy demandent vn Roy, & à mesme temps il leur of-
Sam. 8. 34. fre Saül, & au mesme temps, il commande au Prophete Samüel de leur oindre. Les Israëlites le prient
2. Rois. 7. 7. de les deliurer, de la guerre & de la famine qui les ac-
cabloit, & à mesme instant, ils en sont deliurez sans
Luc. 2. 31. aucune assistance humaine. Tous les peuples de l'V-
niuers luy demandent le salut eternel, & à mesme instant il leur enuoye son Fils pour obtenir de luy cette
grace.

Mais sans aller chercher des exemples si loin, la voix du Peuple, n'est-ce pas la voix de Dieu, quand elle dit, que le Roy dernier mort estoit le plus iuste Monarque de l'Vniuers, & que le Roy son Fils nous a esté donné de Dieu pour tenir sa place. Si la voix de ce Tout-puissant ne s'accorde pas auec la nostre en cela, ie ne croy pas qu'elle s'y accorde iamais en quoy que ce puisse estre.

La voix du Peuple, n'est-ce pas encore la voix de Dieu, puis qu'elle desire de voir nostre bon Roy à Paris, auec des passions qui n'en eurent iamais de pareilles. Ie ne veux pas soustenir pour cela, que la Voix du Peuple soit tousiours la Voix de Dieu, & que ce monstre à plusieurs testes, sans iugement & sans conduite, ne s'attache quelquefois à desirer des choses que Dieu luy defend, & que sa Iustice aura soin de punir, auec vne extreme seuerité, dans la durée des flames eternelles. A Dieu ne plaise; ce seroit passer d'vne extremité à l'autre. Ie sçay bien que quand le
Ierem. 6. 12. Peuple mesprisoit Dieu, & que quand les Israëlites
Iug. 6. 1. adoroient les Idoles, que dans des actions de pareille

nature, la Voix du Peuple ne pouuoit pas estre sa Voix de Dieu; veu que leurs effects estoient contraires aux Loix qu'il leur auoit prescrites : mais il faut necessairement croire aussi, que quand ces gens-là s'humilioient à vouloir ce que Dieu pouuoit desirer de leur personne, qu'alors sa Diuine Majesté, par vn effect de son amour & de sa grace, ne faisoit pas difficulté de se porter librement à consentir à leurs souhaits, pourueu qu'ils fussent equitables, & de donner ses sentimens à des passions, d'vne condition tres-sousmise.

Non, il n'est pas croyable, que Dieu ait iamais donné sa Voix à des iniustes supplications, ny à des affections qui ne tendoient qu'à ruiner le bien & l'honneur de ses viuãtes images. Il ne veut pas seulement qu'on songe mal des Roys en aucune façon, ny Eccl.10.20.
qu'on parle mal du Prince. Ne perseuere pas, dit-il, Exod. 22.
en choses mauuaises, car il fera tout ce qu'il luy plai- 28.
ra, sans que personne puisse trouuer à redire. Et dans Ecclef. 8. 4.
Samuel, ce souuerain Seigneur ne dit-il pas encore, Sam. 8. 16.
que le Roy prendra nos biens & nos enfans, & qu'il dispofera de nous, comme si nous estions des esclaues. Cela nous fait bien voir auec quelle reuerence nous deuons parler de leur sacrée personne.

En vn mot, quand le Peuple veut bien faire, Dieu ne manque pas de l'assister de ses conseils, & de l'inspirer de ses graces, comme il fait en ce rencontre; & nous pouuons dire maintenant, que la Voix du Peuple est la Voix de Dieu, puis qu'elle ne se forme que d'vne confusion de voix, qui demandent à son infinie Bonté, le retour du Roy & de la Reyne Regente dans Paris, auec autant de zele, que si nous luy demandions la beatitude eternelle.

Il est tres-certain, MADAME, que la passion que tout le Monde de Paris a pour vos Majestez est incroyable. La Voix du Peuple, ne sçauroit estre en ce rencontre

que la Voix de Dieu, & si vous ne consentez pas à la grace que l'on vous demande, vous allez directement contre la volonté de celuy à qui vous deuez toutes
Gen. 18.24. choses. Cōsultez-le, ie vous en supplie, puis que vous auez fait vœu de l'imiter, & si vous voulez faire comme luy, vous ferez gloire de pardonner à tous vos Sujets, à cause de bien peu de iustes.

La Clemence est vne habitude de la volonté, par laquelle les Souuerains remettent facilement le tort qu'il leur est fait, & par laquelle ils font voir qu'ils ont quelques traits de Diuinité, qui ne se trouuent
Ezec. 33. 17. pas au reste des hommes. Dieu n'a ny feux ny foudres
Deut. 30.3. pour les repentans, & sa misericorde fait sousmettre
3. Rois 8. ce diuin Seigneur aux volontez de celuy qui la luy
31. demande. Si Dieu oublie tous les crimes que nous auons fait contre luy, pour l'amour de son Fils, que ne deuez-vous pas faire pour nous en faueur de cet Oinct sacré, que vous cherissez auec tant de tendresses ? Oüy, MADAME, le pardon seul destruit la coulpe, & la seule grace nous affranchit de toutes sortes de crimes.

De quelle offense est-ce que toute la Nature humaine ne s'estoit pas renduë criminelle enuers Dieu, depuis la cheute d'Adam, iusques à la venuë du Sauueur de nos ames ? Les Idolatres & les Sodomites estoient si communs, que la terre en estoit toute couuerte. Et qu'est-ce que ce bon Seigneur fist pour se vanger d'vn Peuple qui l'auoit abandonné, & qui ne le vouloit plus reconnoistre en façon quelconque. Il leur enuoya son Fils pour leur donner le salut eternel, & pour les instruire par mesme moyen à s'éleuer au suprême degré de la grace & de la gloire. Voilà vn chastiment bien amoureux, ce me semble, & digne d'vn Dieu si clement, en faueur de tant de creatures si abominables.

Nostre coulpe, quoy que bien grande, ne sçauroit

estre si extreme que celle de ces premiers Peres, en façon quelconque. La leur estoit infinie, parce qu'elle s'adressoit à la mesme infinité, & par consequent la punition en deuoit estre eternelle. Et celle dont on nous accuse, ne se sçauroit estendre, au pis aller que sur la vie temporelle.

Mais, au nom de Dieu, MADAME, que cette grande & extraordinaire pieté que vous auez enuers ce diuin Sauueur de nos ames, vous oblige à l'imiter en toutes choses. Redonnez-nous vostre cher Fils, auec vne pareille amour, que ce diuin Seigneur nous donne le sien, pour nous chastier, comme il chastia nos anciens peres, ses seruiteurs, dautant ou plus dangereux pecheurs que nous ne sommes pas, & que nous ne sçaurions estre; & vous remettrez toute cette Monarchie, dans vne splendeur, qui n'en eut iamais de pareille. C'est vne tres-humble supplication que toute la France vous fait, & que vous luy deuez octroyer; puis que c'est au nom du Roy des Roys qu'elle vous le demande.

Vostre Majesté sçaura, s'il luy plaist, MADAME, que c'est vn present que le Ciel nous a fait, par vostre entremise. Les Roys sont plus à leurs subjets, qu'à ceux, qui les ont mis au nombre des estres. Comme fils, il vous a esté donné de Dieu: mais comme Souuerain il a esté destiné pour son Peuple. Comme Roy, c'est vn thresor qui nous appartient: mais comme issu de vos flancs, il vous doit absolument obeïr, iusques à ce qu'il soit en estat de prendre le soin de nos affaires. Et vous deuez sçauoir, MADAME, qu'il n'est pas moins l'ame de l'Estat, que l'obiet de toutes vos pensées, & que le siege de l'ame ne peut estre que le coeur, selon les sentimens des plus experts en la connoissance de ces matieres. Si cela est, comme il n'en faut pas douter (attendu que c'est le premier viuant, & le dernier mourant:) le siege du Roy ne sçauroit estre qu'à Paris ; puis que c'est le cœur de toute cette Monarchie Françoise.

Apres cela, vostre Majesté ne sçauroit faire que peruertir l'ordre de la Nature, & que s'opposer à la Voix de Dieu, si elle ne nous redonne pas vn Souuerain que Dieu mesme nous a desia dôné par vostre moyen, & si elle ne remet pas les choses en l'estat qu'elles doiuent estre. Vous auez bien fait cesser les troubles de cet Empire ; mais vous n'auez pas encore calmé les passions de nostre ame. Vous nous auez bien appris nostre deuoir ; mais vous ne nous auez pas encore donné tout le bien que nous esperions d'vne si belle science.

Vostre Majesté s'estant chargée de la conduite de ce grand Estat, en doit cherir tous les subjets, comme membres du Souuerain, que vous estimez plus que vous-mesmes ; Et puis qu'il fait luy seul tout vostre bien, celuy qui luy appartient, vous doit estre aussi en quelque façon considerable. Ses interests doiuent produire tous vos desirs : mais l'amour de Dieu doit estre l'obiet de toutes vos inclinations, & de toutes ses esperances. Traitez donc de grace vos Sujets, de la mesme sorte que ce Souuerain Seigneur traite ses creatures ; puis que c'est le vray exemple de la vie Chrestienne. Meslez la Clemence auec la Pieté en faueur de vos pauures subjets, & vous ferez vne action qui comblera tout l'Estat, d'vne felicité permanente.

Dieu s'accommode bien aux inclinations des hommes, & sa diuine Majesté ne traite iamais auec eux, que ce ne soit tousiours auec plus de douceur, que de force. Il vse de temperance auec les fougeux & les violens : Il fait le clement auec ceux qui l'offencent tous les iours : Il s'humilie pour nous exalter : Il se conuertit tout en misericorde, pour suruenir à nos besoins ; & il donne ses biens & son amour, à ceux mesmes qui se rendent continuellement indignes de ses graces. Ainsi par vne bonté qui ne doit iamais auoir d'autre modelle, que celle de ce diuin Sauueur de nos ames, vostre Majesté doit tendre la main à nos necessitez, & nous enrichir encore vne fois de nos propres dépoüilles.

Vos deuanciers ont manqué quelquesfois en leur conduite; parceque leur gouuernement estoit plein d'erreur & de violence: Mais le vostre, prenant celuy de Dieu pour exemple, ne doit pas auoir aucun de tous ses defauts, & vous deuez accorder le bien de l'Estat aux tres-humbles supplications de ses Peuples: & bien que l'art de gouuerner des Nations soit vn des plus grands efforts de tous les plus experts en la Politique, Vostre Majesté n'aura pas beaucoup de peine à nous conduire; puis que nous auons desia fait vœu à Dieu, de nous sousmettre à toutes vos volontez, & de demeurer dans vne parfaite obeïssance.

Si vous nous auez fait voir qu'il n'y auoit point de crime que vous ne sceussiez punir, montrez nous à present aussi qu'il n'y a point, ny d'amour, ny de sousmission, que vous ne sçachiez reconnoistre: & si IESVS-CHRIST vous commande d'auoir de la douceur pour vostre prochain, à plus forte raison vous commande-t'il d'en auoir encore plus pour des Subjets, qui sont vne partie de vous-mesme.

Sainct Iacques nous apprend, que l'ire de l'homme est ennemy mortel de la Iustice de Dieu, sans aucune reserue. C'est ce qui fait que les Princes qui regardent les Peuples d'vn œil de pitié, sont mille fois plus cheris, que ceux qui ne sont que les regarder d'vn œil de colere. Cette passion qui fait quelquefois tant de desordre dans l'esprit des plus iudicieux, est vn mouuement enflammé, qui ne conuient pas bien ny à la Maiesté des Roys, ny mesme à la grandeur des Princes.

L'iniure des Subjets eſt d'vne nature trop rampante & trop terreſtre, pour auoir la faculté de s'eſleuer d'elle-meſme, iuſques à la dignité du Souuerain. Il y a trop loin de la perſonne ſacrée, à la perſonne profane, & le peuple a beau murmurer contre ces mortelles Deitez, ils n'y feront non plus que s'ils ne faiſoient qu'aboyer contre la Lune. L'iniure eſt trop funeſte à ceux qui preſtent l'oreille à de ſi abominables ſuſcitations que les ſiennes. Elle allume le ſang, elle impoſe ſilence à la raiſon, elle reduit en cendre les Eſtats les mieux policez, & finalement elle porte les plus ſages à s'oublier & à ſe meſconnoiſtre.

La vangeance eſt vne furie infernale, qui ne ſe repaiſt que du ſang humain, & qui ne trouue nulle ſatisfaction, que parmy les incendies & les ſacrileges.

Ceux qui ſont conduits de l'Eſprit de IESVS-
Luc. 9. 55. CHRIST, la fuyent comme la mort, ou pour mieux dire, comme la peſte. Ce diuin Seigneur ne ſe voulut pas vanger des Samaritains qui l'auoient reieté,
Luc. 9. 54. 1. Theſ. 4. 6. Rom. 12. 19. Deut. 32. 35. pour apprendre à tous les Chreſtiens, à ne ſe laiſſer iamais vaincre à cet eſprit de vangeance. Et certes il vaut bien mieux la laiſſer faire à Dieu, que prendre la liberté de ſe la faire ſoy-meſme.

C'eſt vn priuilege ſpecial qui luy a eſté touſiours reſerué, depuis le commencement des ſiecles. Il n'y a point de Prince qui ne ſe doiue ſeruir de la Manſuetude, pour empeſcher que dans la violence de ſon ardeur, il ne ſe porte à des excez grandement reprochables. La pieté auec laquelle voſtre Majeſté ſe fait admirer de Dieu & des hommes, doit eſtre ſuiuie de la Clemence & de la Miſericorde, ſi vous voulez qu'elle continuë à faire des miracles ſans exemple. Le Prince des Sages dit, qu'elle rend les Roys bien-heureux, par deſſus le reſte des hommes. La Clemence n'en fait pas moins, comme nous auons deſia dit, & la Miſericorde les rend ſemblables à celuy qui leur a

donné

donné l'estre. La haine au contraire, elle seule destruit toutes les Vertus ensemble. C'est ce qui a fait dire à sainct Iean, que celuy qui haissoit son frere, estoit homicide, & qu'il ne pouuoit pas estre aucunement dans la lumiere de l'Euangile. 1. Ioan. 2. 7.

Dieu ne vous a pas creée, MADAME, que pour vous faire part de sa bonté, & que pour vous donner sa grace & sa gloire. Vostre Majesté possede l'vne; mais au nom de ce Souuerain Seigneur de l'Vniuers, qu'elle prenne le soin de s'éleuer au plus supreme degré de l'autre.

Il vous a donné vn entendement pour penetrer dans les mysteres de l'aduenir, & pour vous donner vne parfaite connoissance de ce que vous auriez à faire. Il vous a doüée d'vne excellente memoire, pour vous souuenir des commandemens qu'il vous a faits. Il vous a donné la volonté, pour vous porter franchement & de vous-mesme à suiure ses loix: & il vous a donné l'imagination, pour vous figurer le traittement qu'il fait à ceux qui n'vsent pas bien de ses graces.

Oüy, MADAME, vous pouuez librement accuser d'infidelité les facultez de vostre esprit, d'auoir demeuré si long temps à vous representer des choses si necessaires à vostre salut, & si vtiles à cet Empire.

Mais il ne faut pas tellement s'exercer à r'appeller ces obiets passez, qu'il ne faille oublier toutes les iniures que vostre Majesté pretend auoir receuës, si elle veut que IESVS-CHRIST embrasse son party, & qu'il punisse tous les autheurs de nos desordres.

Remerciez cet admirable Sauueur, des sainctes instructions qu'il vous donne, & des celestes lumieres qu'il vous communique. Considerez ce qu'il a fait pour vous iusques icy; & croyez qu'il ne manquera pas de vous combler encore plus à l'aduenir de ses biens-faits, si vous suiuez les inspirations qu'il vous communique.

D

Certainement, MADAME, le Ciel est ouuert pour vous, si vous traitez vos subjets, de la mesme sorte, que Dieu traite ses creatures. Le Pere Eternel nous fait voir tous les iours son Fils dans le sainct Sacrement de l'Eucharistie ; & si sa diuine Bonté nous le donne pour nostre salut, nous taschons de tout nostre pouuoir à nous rendre dignes de le receuoir, & pour son honneur, & pour sa gloire.

Que vostre Majesté en fasse de mesme, MADAME, ie vous en coniure ; & ie vous engage ma foy, que nous vous receurons également tous deux, auec le mesme amour & le mesme respect, que la dignité de vos personnes sacrées le requiert, & que Dieu mesme nous le commande.

Ne fermez pas l'oreille aux supplications que tout le Peuple vous en fait: car c'est veritablement la Voix de ce Souuerain Seigneur qui vous parle par nostre bouche. Le Prince qui se rend incredule à la parole
2. Rois, 7. 17. de Dieu, sera puny de son incredulité ; veu qu'il n'entrera iamais dans le repos d'vne vie eternellement heureuse.

Quand le Prophete (à ce que nous apprend la Sapience infinie) vous fera entendre quelque chose au nom du Seigneur, & que sa perdition n'arriuera pas de la sorte qu'il l'aura faite, asseurez vous que ce n'est qu'vne pure inuention du mauuais esprit, qui ne fait que parler par sa bouche. Il faut donc necessairement inferer de là, que tous ceux qui predisent les choses qui doiuent arriuer, de la mesme sorte qu'elles sont predites, ne parlent que de la part de Dieu, & que ce Souuerain Seigneur ne fait que se seruir de leur Voix, pour rendre sa saincte & sacrée volonté, plus intelligible à ses creatures.

C'est la raison pour laquelle Dieu veut que vous
Heb. 3. 16. Exod. 15 16. Deut. 30. 16 entendiez sa Voix, & outre cela que vous y obeïssiez, sur peine d'encourre sa disgrace.

Examinez vn peu ces paroles de l'Escriture, MADAME, & vostre Majesté trouuera, que ce ne peut estre que la Voix de Dieu, quand tout le Peuple la supplie tres-humblement de reuenir dans sa Capitale ville de Paris, & d'y ramener vn Souuerain que Dieu leur a donné, pour faire le salut de toute cette Monarchie. La Beatitude eternelle est si desirable de soy, qu'il n'y a rien au monde, que nous ne soyons obligez de faire pour l'acquerir, ou du moins pour nous en rendre dignes.

Ce nombre infiny d'Anges, de Cherubins, de Seraphins, d'Apostres, de Martyrs, de Confesseurs, de Vierges, de Saincts & Sainctes qu'elle a chez elle, ont de si excellentes conuersations, que vostre eternité seroit bien malheureuse, si elle en estoit priuée pour vn iniuste plaisir, contre la volonté de celuy, qui s'est donné luy-mesme, pour vous éleuer dans vne felicité si celeste & si glorieuse.

Ha, MADAME! que n'ay-ie vne partie des lumieres, que Sainct Paul auoit en l'art de persuader, lors qu'il preschoit IESVS-CHRIST à toute la terre habitable, afin de porter vostre cœur, plus facilement que ie ne fais pas, à nous faire quelque espece de misericorde.

Dieu vous commande d'examiner quel est vostre sentiment, sur la requeste que tout Paris vous en fait par ma bouche: car en la resolution que vous prendrez, consiste le fondement de vostre vie spirituelle. Et si vous auez quelque degoust pour nostre repos, estudiez-vous à sçauoir d'où il peut venir, & à iuger quelle en peut estre la cause, afin d'y remedier le plus promptement qu'il vous sera possible.

Oüy, MADAME, vostre esprit est obligé à vous rendre conte de l'estat où il se trouue, & enuers Dieu & enuers ses peuples; puis qu'il y va de l'eternité de l'vn & de l'autre.

Quand la pensée de ce digne Souuerain de nos ames vous arriue, parmy les grandes affaires que voſtre Regence vous donne, ne ſe fait-il pas faire place dans ces prodigieux empreſſemens terreſtres? Et ne vous ſemble-t'il pas que voſtre cœur ſe tourne du coſté que cette adorable penſée vous vient, pour aller au deuant d'vne grace ſi diuine & ſi celeſte? Vous plaiſez-vous à mediter ſur ce que IESVS-CHRIST a fait pour vous, afin que vous en faſſiez autant pour luy en faueur de ſes creatures? C'eſt vn Seigneur qui vous demande le reciproque de toutes les graces qu'il vous a communiquées: & en reuanche il vous promet de vous en rendre cent fois autant icy bas
Mat. 9. 29. Mar. 10. 9. Luc. 18. 29. parmy nous, & là haut en la vie eternelle, ſi pour obeïr à l'Euangile, voſtre Majeſté fait quelque choſe en faueur de ceux qui implorent voſtre aſſiſtance.

Auez-vous autrefois laiſſé quelque mauuaiſe inclination pour Dieu? Si cela eſt, comme il n'en faut pas douter, voſtre Maieſté fera bien encore ce que nous luy demandons, au nom de ce Souuerain Monarque?

Ce que ce diuin Sauueur de nos ames a ſouffert en ce monde, & particulierement au iardin des Oliues, & ſur le Mont de Caluaire, vous ſuſcite à luy faire quelque reconnoiſſance à l'endroit de ces Peuples.

Pardonnez, MADAME, à ce deſir dereglé que nous auons de reuoir vos Majeſtez: Car il eſt vray que noſtre eſprit, parmy la paix qu'il vous a pleu nous donner, ne ſçauroit eſtre iamais bien ſatisfait, ſi vous ne nous accordez pas encore vne choſe qui ne dépend que de vous, & qui nous eſt ſi precieuſe.

L'amour que nous auons pour noſtre Prince, nous attache ſi fort à cet objet tant aimé, qu'il eſt tout à fait impoſſible de nous tenir plus long-temps ſeparez, ſans nous faire mourir du plus cruel ſupplice, ces que la tyrannie puisse inuenter parmy les hommes.

Nostre ame est tellement preoccupée du desir de reuoir ce Dieudonné, qu'elle est comme morte en toutes ses autres facultez, quelques raisonnables qu'elles puissent estre.

Nos yeux sont ouuerts, mais ce n'est que pour reuoir vos Majestez. Nostre bouche parle, mais ce n'est que de vostre retour : & nostre fantaisie blessée, ne fait que se diuertir à l'aspect des images de cette premiere entreueuë, comme si la chose estoit : & puis reuenant à soy, on n'entend retentir dans l'air, qu'vne confusion d'helas, quand sera ce que Dieu nous faira cette grace!

Le zele que nous auons pour cela, est vn feu du Ciel qui nous a consommez, iusques à ne nous laisser qu'vn peu de voix, pour vous dire que c'est de la part de Dieu & des hommes, qu'on vous fait des supplications si iustes & si pressantes.

Le Prophete Royal Dauid dit, que le zele qu'il auoit conceu de la maison de Dieu, luy auoit consommé le cœur, & deuoré les entrailles. Nous en pouuons bien dire de mesmes du desir que nous auons de reuoir vos Majestez, ou dans vostre Palais Royal, ou dans vostre Louure: & ne croyez pas, MADAME, que nos esprits soient appaisez iusques à ce que tout le Peuple de Paris se trouue honoré de vostre presence.

Oüy, MADAME, nous souhaitons auec passion, de voir ce visage, qui s'est autrefois obscurcy pour nous dans vne serenité merueilleuse.

Oüy, MADAME, nous desirons auec vn amour incroyable de voir ce corps qui s'estoit armé contre nous, pour le combler de benedictions extraordinaires. Il faut que vostre Maiesté sçache, MADAME, que nous ne tiendrons iamais la paix qu'elle nous a donnée pour inuiolable, si elle ne nous fait la grace de reuenir à Paris, & si elle ne rend nostre Dieu-donné à la Voix de Dieu & du Peuple.

Le Ciel, la terre, l'Estat, l'interest du Prince, l'amour de la Patrie, tous vos Subiets, la necessité des affaires, enfin mille sortes de raisons diuines & humaines, vous coniurent au nom de celuy qui peut tout, de nous faire cette grace.

La Paix se plaint, de ce que vostre Maiesté ne se donne pas la peine de venir icy pour la faire reconnoistre à vos peuples. Et ie ne croy pas qu'à la fin on ne la traite comme vne esclaue, si vous ne prenez le soin de la venir assister de vos graces. Vostre presence ne luy est pas moins necessaire que nostre amour; & c'est la produire ignominieusement, que de l'enuoyer comme vn obiet de mespris, ou comme vne miserable indifferente.

Pardonnez-moy, MADAME, si ie vous dis que sa condition ne luy permet pas d'estre considerée de la sorte. Ses qualitez vous peuuent instruire de l'origine de sa Noblesse.

Si vous prenez le soin de tourner les yeux sur cette adorable, vous trouuerez qu'elle est l'obiet de toutes les felicitez, l'image mysterieuse de l'estat Angelique, la Beatitude eternelle, l'amour de IESVS-CHRIST, l'idée de la Nature increé, l'vnion hypostatique des trois personnes Diuines; en vn mot, vous trouuerez que c'est Dieu mesme, lequel apres auoir humilié sa saincte & sacrée personne, à se reuestir de nostre Nature, voulut mourir en Croix pour le salut des hommes, afin d'establir vne paix infinie entre sa diuine Maiesté, & des mortels ingrats à tant de graces qu'il luy a pleu de nous faire.

Oüy, MADAME, si vous prenez le soin de tourner les yeux encore vn coup sur cette adorable, vous trouuerez qu'elle merite bien peu, si elle ne merite vostre presence.

Nous voulons voir ce Dieu-donné & cette Reyne si pieuse dans l'enceinte de nos murailles: car tant que vos Maiestez se tiendront hors de Paris, nous ne sçaurions nous imaginer, que vous nous ayez donné vne paix asseurée.

On ne connoist les causes que par leurs effects, selon le Prince de la secte Peripatetique: si cela est, sur quoy nous pouuons nous asseurer de sa longue durée.

Le mesme nous apprend encore, que l'entendement de l'homme ne possede aucune connoissance que par le ministere des sens, & nous n'auons rien veu iusques icy qui nous puisse desabuser de l'apprehension où nous sommes.

Ces éloignemens premeditez, & ces fuit s estudiées, nous sont d'vn tres-mauuais augure. Chose quelconque ne nous sçauroit empescher de viure dans vne continuelle apprehension, si vous viuez tousiours dans cette continuelle façon de faire: & vous auez beau dire, MADAME, la crainte est vne tache originelle, ou pour mieux dire, vne passion de l'appetit irrascible, par laquelle l'ame s'occupe à la meditation du mal qui nous menace: & contre lequel elle ne sçauroit trouuer vn moyen pour se defendre; si vostre Maiesté ne nous fait la grace de reuenir, & de nous mettre l'esprit en repos par vne presence si desirée que la vostre.

Vous deuez imiter IESVS-CHRIST, si iamais personne l'a deu imiter d'vn grand zele, à cause de la particuliere deuotion que vous auez tousiours eüe pour cet adorable Souuerain Seigneur, duquel vous auez receu tant de tresors perissables & eternels auec des profusions immenses: & à cause du commandement qu'il vous en a fait exprés, aussi bien qu'au reste de ses creatures.

Vous sçauez que ce veritable Isaac, ingenieux

pour nostre salut, se fait voir à qui souhaite ce bonheur, & se donne à qui le desire. Continuez donc à suiure ses exemples, si vous voulez qu'il continuë à vous communiquer ses graces. C'est vn Dieu infiniment ialoux de ses droits, que qui péche contre le Sainct Esprit, dont il vous fait part, se rend coulpable d'vn crime, qui ne trouuera iamais de remission, ny en ce monde, ny en l'autre. Pensez combien il y a que vostre Maiesté nous traite auec des rigeurs qui n'en eurent iamais de pareilles. Considerez l'incertitude du iour où Dieu vous doit appeller deuant le Tribunal de sa Iustice. Sçachez, qu'alors le Monde finira pour vous, & que les affaires de l'Estat ne vous paroistront plus que comme des obiets importuns, ou que comme des especes odieuses. Oüy, MADAME, vostre Maiesté ne se peut approcher de celle de Dieu, qu'en tremblant, si vous nous priuez dauantage de la vostre.

Mat. 12. 31. Ioan. 5. 16.

L'extreme passion que nous auons pour vous, nous fait parler de la sorte. C'est vn Prince que nous auons demandé à Dieu, auec des instances, qui n'en eurent iamais de pareilles. C'est le Fils de nos prieres & de nos larmes, aussi bien que celuy de vos deuotions continuelles. C'est vn present qu'il a pleu à sa Diuine Bonté de nous faire, & que nous auons obtenu de luy par vne grace toute particuliere.

Le Ciel ne l'a donné que pour l'Estat, & pour le salut de la Patrie: c'est pourquoy vous ne sçauriez nous retenir plus long temps, vn bien qui nous appartient si legitimement, sans nous faire beaucoup d'iniustice.

Pleust à Dieu que vous eussiez le don de penetrer iusques au fond de nos cœurs, afin de voir sans aucune difficulté, auec quelle passion tout le monde de Paris le desire. Les ennemis de cet Estat, n'apprehendent rien tant que l'interinement de cette grace.

Apres

Apres cela, il n'y a rien au monde que vous puissiez craindre en façon quelcôque. Le Prince & le Peuple bien vnis ensemble, ferons des merueilles pour la gloire du Souuerain, & pour l'honneur de la Patrie.

L'Allemagne, lassée de seruir de theatre a tant de guerres qu'elle souffre depuis longues années, continuera de vous solliciter à faire la Paix generale, ne pouuant plus desormais fournir de subsistance à tant d'armées, qui ont tousiours vescu aux despens de cette pauure desolée.

L'Espagne qui n'en veut point, parce qu'elle la veut autrement, qu'elle ne la vouloit pas aux traitez precedens, & parce qu'elle espere aussi de profiter beaucoup de nos desordres : dés qu'elle sçaura que le Roy est de retour dans Paris, & que toutes choses sont calmes, fera supplier vostre Maiesté de la luy donner, & de luy accorder ce qu'elle refuse.

L'Angleterre tremblera de sçauoir, que vous serez en estat de punir son parricide.

La Suede sera bien aise, de voir que vostre Maiesté aura mis les affaires aux termes de la secourir, lors qu'elle aura besoin de vostre assistance.

La Pologne fera des feux de ioye, d'vne conduite si genereuse que la vostre.

La Flandre, maintenant toute orgueilleuse, s'humiliera, apres vne si celeste action, à receuoir les loix que vous aurez soin de luy prescrire.

La Catalongne, ne pouuant perdre la memoire des outrages qu'elle a receus de Madrid, redoublera le zele qu'elle a pour les François, & par vne reconnoissance ordinaire aux grands courages, elle s'affermira encore plus en la fidelité qu'elle vous a iurée.

Naples vous demandera vn Liberateur.

Sicile, Sardagne, & Corse, tourneront les yeux sur vostre prudence & sur vostre conduite.

Malthe vous considerera comme vne des plus

illustres Princesses de la terre.

Rome chancellante, songera à ne rien entreprendre qui ne soit tres equitable.

Milan sera dans des apprehensions incroyables, d'vn coup d'Estat si considerable.

La Sauoye se mettra d'abord en campagne pour vostre seruice.

Venise en sera rauie, sous espoir de tirer de vous quelque petite assistance.

Genes ne viura plus dans l'indifference.

La Toscane renouuellera sa neutralité.

Enfin toute l'Europe n'attend vostre retour dans Paris, qu'auec des passions inconceuables.

Iugez apres cela, MADAME, si cette action sçauroit estre vtile à tant de Nations, & si elle peut estre desirée, comme elle est, de tous ceux qui habitent la plus noble partie de l'Vniuers, sans que la Voix du Peuple, soit la Voix de Dieu, & sans que la Voix de Dieu, soit la Voix du Peuple.

Ha, France, que tu seras heureuse au retour de ce petit Isaac, auec lequel ton Sauueur a fait vne si estroite alliance!

Ha, France, que tu receuras de satisfaction en la premiere entre-veuë d'vn Prince, qui ne respire l'air que pour te rendre bien-heureuse!

Ha, que ce nouueau retour va redonner la vie à des cœurs tres-languissans, & la mort à des desirs outrageux & superbes!

Combien de captifs deliurez en vn moment? & combien d'exilez restablis & dans leurs biens & dans leurs charges? Combien d'insolens abbatus? & combien de tempestes calmées?

Mais au contraire, MADAME, vous nous traitez comme si nous estions les plus criminels de la terre. Vous nous retenez ce que Dieu nous a si liberalement donné, & vous nous separez de tout ce que nous desirons le plus au monde. Vostre esloignement nous fait souffrir des tourmens incroyables. Les iours nous semblent des nuicts, & les nuicts nous sont des cruels supplices. Aussi priuez de nostre Dieu-donné, nous sommes priuez de la plus belle partie de nous-mesmes.

Nous coniurons donc vostre Maiesté de reuenir, & quoy que mortels, nous vous promettons vne obeïssance immortelle. Où pourriez-vous estre auec plus d'honneur, & auec plus de seureté, que dans vne ville où l'on ne vous desire pas seulement; mais où tout le monde vous idolatre. Vostre Maiesté n'aura pas si tost mis le pied dans Paris, qu'elle entendra la Voix du Peuple, & la Voix de Dieu, entonner de tous costez, Viue le Roy, auec vne melodie incroyable. La ioye reuiendra à mesme instant dans les cœurs affligez, & tout l'Estat se remettra dans son premier lustre.

Le Roy ne sçauroit abandonner tout à fait Paris, sans se priuer de la plus belle partie de son Empire.

Tibere apprist bien à ses dépens, combien l'éloignement est preiudiciable à vn Souuerain. Ses Subiets commencerent à le hair plus que iamais, dés qu'il se fut refugié à la campagne; & dans cet éloignement, il y trouua sa disgrace & sa perte. Il est vray que ce Prince ne leur auoit pas esté donné de Dieu, comme le nostre. Il s'en falloit aussi beaucoup qu'il n'eust la moindre des qualitez, que sa Maiesté possede. Mais nonobstant tout cela, plus vous differez de venir à Paris, plus vous trauaillez à la ruine de vos affaires; & ie crains, que les Peuples ne s'accoustument à la fin, à prendre des libertez insupportables.

En effet, MADAME, la nature de l'homme n'est de soy que trop portée à mal faire. Et certes il n'est pas necessaire de souffrir dauantage, qu'il s'abandonne à ses inclinations, ny qu'il se forme plus long-temps à l'éloignement de vostre personne. Vous auez plus d'insolens à contenter, que de raisonnables à satisfaire. Les partis qui commencent à se former secretement dans toutes les Prouinces de l'Estat, vous obligent à retourner dans Paris pour les destruire. C'est-là où vous trouuerez la veritable subsistance des armemens, & la veritable source des Finances. Vous n'y verrez que des bources ouuertes en vostre faueur, ny que des cœurs zelez pour vostre seruice. Vostre presence n'y sera pas si tost, qu'elle dissipera tous les proiets des meschans, & qu'elle augmentera toutes les esperances de ceux qui sont tres affectionnez à vostre seruice.

Sans difficulté, MADAME, ces retardemens augmentent le courage de vos ennemis, & la plus part des gens de bien se laissent corrompre par ce moyen-là aux persuasions de cette abominable engeance. En venant icy tous les troubles de France se calmeront, & tous les droits que sa Maiesté auoit accoustumé de prendre sur ses Sujets, reuiendront dans les coffres du Roy, à la premiere sommation qui leur en sera faite. Les desordres ne se forment que de vostre separation, & le calme par vn contraire effect, ne sçauroit arriuer que de vostre presence. Si vostre Maiesté reuient à Paris, elle n'y sera pas moins Reyne des cœurs, que Reyne de cet Empire. Ce sont des maximes d'Estat, dont les plus grands hommes des siecles passez, se sont seruis pour se rendre plus puissans, & pour venir à bout de toutes leurs entreprises.

Pouuez-vous refuser à des fideles Suiets, ce que des illustres Souuerains ont concedé aux plus grands ennemis qu'ils eussent au monde. Certainement, MADAME, vostre vertu vous fera trouuer de la veneration parmy les esprits les plus infideles. Prenez conseil

conseil de la raison, plustost que de l'iniure que vous croyez auoir receuë : & si par l'entremise de cette extraordinaire bonté, dont Dieu vous a si noblement pourueuë, vous condescendez aux supplications, que toute la France vous fait ; vous retournerez dans Paris, pour y remettre les esprits diuisez, & pour y restablir vostre Empire. Ce sera alors que vostre Majesté y sera receuë, comme vn Ange de Paix, ou comme vn second Messie arriué, pour le salut de ses creatures.

Dieu en recompense de ce bien fait, vous fera present d'vn nombre infiny de graces eternelles. Tout le monde vous loüera, & vous n'entendrez plus raisonner dans cet Estat, que des Cantiques de ioye. Le Ciel & la terre se ioindront ensemble pour vous combler de leurs benedictions, & pour ne faire qu'vn melodieux concert de la Voix de Dieu, & de la Voix des Peuples.

Ce sera dans ces occasions, que vous apprendrez de quelle sorte la Voix du Peuple est la Voix de Dieu, contre le sentiment de celuy, qui nous a voulu persuader le contraire. Ce sera dans ce rencontre, que l'Abondance se prosternera sous vos pieds, & qu'elle vous fera vne continuelle offrande de tout ce qu'elle aura de plus exquis, & de plus considerable. Ce sera dans ce temps si desiré, que la dignité du Souuerain se fera voir en sa plus haute splendeur, & que vostre grace eternisera sa memoire. Ce sera dés lors que vostre Maiesté se rendra également cherie de ses Sujets, & que vous pourrez prendre la liberté de les faire viure dans vne certaine vnion tres genereuse, & tres-parfaite. Ce sera pour lors, que les Loix reprendront leur vigueur, & que Dieu se trouuera parfaictement reueré de ses creatures. Et ce sera encore alors que les pauures y seront soulagez, que les riches prospereront, que la ieuefſen apprendra la vertu, & que toute la France ſera en eſtime.

Enfin ce ſera vne marque infaillible, que la Paix, dont voſtre Maieſté vient de nous honorer, ſubſiſtera, & que toutes choſes pourront ſubſiſter auec elle. Il n'eſt ny grand ny petit, qui ne vous coniure au nom de Dieu, de reuenir dés qu'il vous ſera poſſible: & quelque obiection qu'on vous puiſſe faire au contraire, vous trouuerez en ce faiſant, que la Voix du Peuple eſt la Voix de Dieu, & qu'il n'y a nulle difference entre celle de ce Souuerain Seigneur & la noſtre.

FIN.

www.ingramcontent.com/pod-product-compliance
Ingram Content Group UK Ltd.
Pitfield, Milton Keynes, MK11 3LW, UK
UKHW021033220726
13924UKWH00001B/295